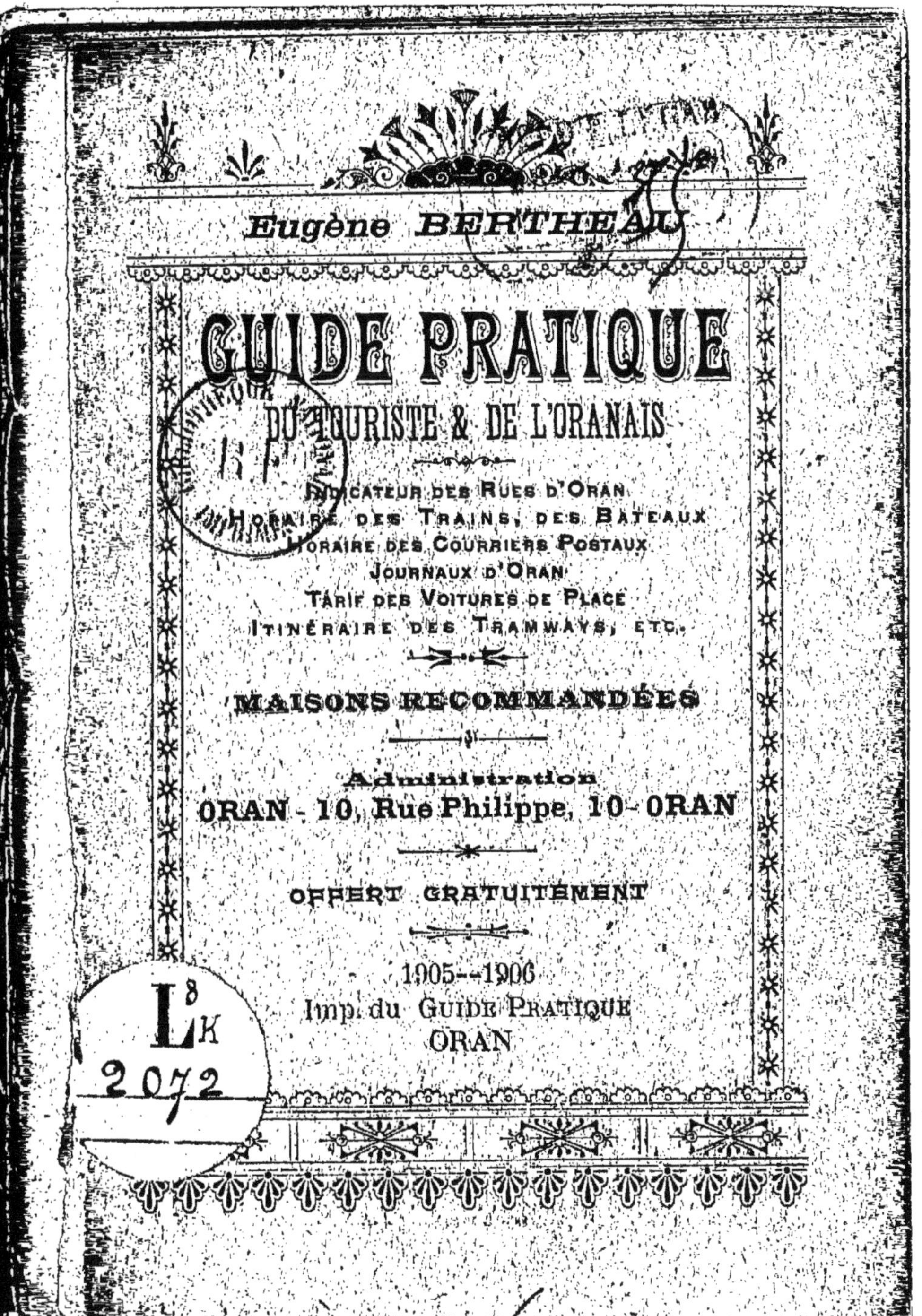

GUIDE PRATIQUE
DU TOURISTE & DE L'ORANAIS

INDICATEUR DES RUES D'ORAN
HORAIRE DES TRAINS, DES BATEAUX
HORAIRE DES COURRIERS POSTAUX
JOURNAUX D'ORAN
TARIF DES VOITURES DE PLACE
ITINÉRAIRE DES TRAMWAYS, ETC.

MAISONS RECOMMANDÉES

Administration
ORAN - 10, Rue Philippe, 10 - ORAN

OFFERT GRATUITEMENT

1905--1906
Imp. du GUIDE PRATIQUE
ORAN

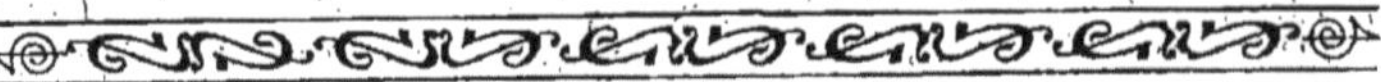

Atelier de Constructions & Réparations
MÉCANIQUES
Fonderie — Forge & Chaudronnerie

Tournage
et Ajustage
de précision
Réparations
de Moteurs à Gaz
et à Pétrole

J. Bernard & Gamard

Route du Port

ORAN

Instalations
d'Usines
et
Moulins
Suivant
Plans et Devis

Réparations en tous genres pour Locomobiles
et Machines Agricoles

BORDEAUX-QUINA VIEUX

A base de Vin de Bordeaux et de Quinquina du
Docteur de Vrij, constituant l'Apéritif par excellence
des plus fins gourmets.

Quoique n'étant pas un médicament, le **Bordeaux-
Quina** donne la chaleur au sang, et s'emploie avec
succès contre l'épuisement et le manque d'appetit.

☞ Le goûter c'est l'adopter ☜

MANUFACTURE DE TABACS

CIGARES

ORAN

CIGARETTES

ALGÉRIE

Société Coopérative "L'Emancipation"

Eugène BERTHEAU

GUIDE PRATIQUE
DU TOURISTE & DE L'ORANAIS

INDICATEUR DES RUES D'ORAN
HORAIRE DES TRAINS, DES BATEAUX
HORAIRE DES COURRIERS POSTAUX
JOURNAUX D'ORAN
TARIF DES VOITURES DE PLACE
ITINÉRAIRE DES TRAMWAYS, ETC.

MAISONS RECOMMANDÉES

Administration
ORAN - 10, Rue Philippe, 10 - ORAN

OFFERT GRATUITEMENT

1905--1906
Imp. du GUIDE PRATIQUE
ORAN

AU GRAND MARCEAU

MAISON ENTIEREMENT TRANSFORMÉE

ANCIENNEMENT

Rue de l'Hotel de Ville et Boulevard Charlemagne

ACTUELLEMENT

6, Rue Alsace Lorraine, (anciens locaux Signoret)

☞ **TAILLEUR DE PREMIER ORDRE** ☜

Coupeur, PIERRE BLANCHER, Médaillé et Diplômé

Concours international des Coupeurs et Tailleurs

PARIS - FEVRIER, 1896

Vêtements Confectionnés pour Hommes

ARTICLES DE TRAVAIL

GRAND DÉPOT DE FAIENCES, PORCELAINES, POTERIES
VERRERIES & CRISTAUX

F. BENHAIM & J. DARMON

Anciennement F. BENHAIM & Cie

MAGASIN DE DÉTAIL: Boulevard du 2ᵐᵉ Zouaves, 2

MAGASIN DE GROS: Place de l'Evêché, rue des Lois

ORAN

Services de Table en faïence imprimée (dite Terre de Fer) et en porcelaine
décorée–Cabarets à café et à thé–Cabarets à liqueurs–Services de verres
demi cristal et cristal–Articles pour Restaurants et Cafés–Articles de ménage
en fer blanc, zinc et tôle, en fer battu étamé et émaillé, en fonte ordinaire
et émaillée–Couverts et coutellerie en tous genres–Articles d'éclairage–Lampes
Suspensions et Lustres, Toiles cirées, Vannerie, Brosserie, Pointes et clous à ferrer

Opinions

Si vous voulez réussir ne restez pas trop cachés.

Il n'est pas mauvais de faire un peu de bruit et d'appeler ainsi l'attention des indifférents sur l'entreprise qui vous intéresse.

« Dieu lui-même a besoin des cloches » a dit Lamartine.

Le magasin le mieux achalandé, l'industrie la plus utile au public, resteront ignorés, si ceux qui ont à charge de les faire prospérer ne savent pas utilement se servir de la publicité.

La publicité est l'assurance du succès : elle est nécessaire à qui veut réussir.

Les commerçants et industriels qui font de la publicité, prouvent la vitalité de leur commerce ou de leur industrie.

« Comptez les magasins qui ne font pas de réclame et vous compterez en même temps ceux qui font le moins d'argent »...

Mais il faut savoir faire sa publicité.

Un ouvrage qui dépasse le prix de 5 francs l'exemplaire, ne peut se trouver qu'entre les mains de privilégiés peu nombreux ; et malgré le prix modique de vente de certaines brochures intéressantes, le public leur fait mauvais accueil.

Nous avons donc pensé qu'un ouvrage de format facilement transportable, contenant des renseignements journellement nécessaires, serait quoique modeste, un organe de publicité utile à tous et le bienvenu parmi la population Oranaise.

Aussi, avec l'aide de nos souscripteurs, nous offrons gratuitement, pour notre premier essai 5000 exemplaires du Guide pratique Eugène Bertheau.

La Direction.

Salon Malakoff

Salon de Coiffure Spécialement Recommandé

PARFUMERIE FINE

SERVICE ANTISEPTIQUE

Isidro DOLS

22, BOULEVARD MALAKOFF, 22

ORAN

Remède Garanti

INFAILLIBLE CONTRE LES CORS

COMPTOIR AGRICOLE ŒNOLOGIQUE

G. BERTRAND

ORAN — 3, Boulevard Malakoff, 3 — ORAN

Importation pour l'Agriculture de tout engrais
et Produits Chimiques
Engrais et Matières Premières de la Société Saint-Gobain

GRAND VIN DE CHAMPAGNE COSTE FOLCHER

EPERNAY

GRAND PRIX INTERNATIONAL - PARIS 1905

Le Champagne Coste Folcher a été le seul
admis au colossal Banquet de 30.000 couverts servi
à la Galerie des Machines, le 30 octobre 1904, pour
la Fête de la Mutualité

Représentant : G. BERTRAND, 86 boulevard Malakoff, ORAN

ORAN

Grande et belle ville d'une superficie de 5378 hectares à 35° 40 de latitude et 2° 60 longitude.

Distance de Marseille, 1027 kilomètres.

Distance d'Alger, 421 kilomètres.

Population, 93.000 habitants environ, dont 45.000 français, 11.000 israélites naturalisés, 14.000 indigènes et 23.000 étrangers, la plupart espagnols.

Chef-lieu du département d'Oran, Préfecture, Division militaire, Place forte de 1re classe, Port de commerce d'une superficie d'environ 28 hectares, le plus important de l'Algérie.

Oran est divisé en cinq arrondissements, savoir :

1er ARRONDISSEMENT : Quartiers de la Marine, de la Calère, de la Vieille Kasbah, Saint-Louis, de la Préfecture, du Château Neuf, et Bastrana.

2e ARRONDISSEMENT : Quartiers de l'Hôtel-de-Ville, du Marché Karguentah, Israélite.

3e ARRONDISSEMENT : Quartiers de la Vieille-Mosquée, de la Bastille, du Fondouck, Miramar, Saint-Pierre, Saint Charles, et en dehors des portes les faubourgs Gambetta, Montplaisant, l'Abattoir et Saint-Eugène.

4e ARRONDISSEMENT : Quartiers Saint-Antoine, partie du Village Nègre, et en dehors des Portes les faubourgs Boulanger, et d'Eckmühl.

5e ARRONDISSEMENT : Quartiers du Palais de Justice, Saint Michel, de la Gare, partie du Village Nègre et, en dehors des portes, les villages Delmonte, et Victor Hugo.

Commissariats de Police

1ᵉ Arrondissement, rue de l'Eglise; 2ᵉ Arrondissement, Hôtel de Ville; 3ᵉ Arrondissement, rue
d'Arzew, 62; 4ᵉ Boulevard de Mascara; 5ᵉ Arrondissement, Boulevard Fulton, 17.

INDICATEUR DES RUES
D'ORAN

NOMS	Arᵗ	Quartiers	Commencent	Finissent
r. Abdelkader	4ᵉ	Vil. Nègre	r. d'Arbal	r. de Négritie
r. Abricotier (l')	3ᵉ	St Pierre	r. Dufour	r. Mostaganem
Achille	4ᵉ	St Antoine	b. Mascara	r. de Ganay
Ajaccio (d')	4ᵉ	—	r. Tlemcen	r. Achille
Alger (d')	1ᵉʳ	Préfecture	b. Oudinot	r. Malakoff
Alicante (d')	1ᵉʳ	La Calère	r. du Chameau	r. de Barcelône
Alkmaer	1ᵉʳ	St Louis	r. Pontéba	r. de l'Eglise
Alma (de l')	3ᵉ	St Pierre	Place Hoche	r. Mostaganem
Almeida	1ᵉʳ	La Calère	r. du Chameau	à la montagne
Alphonsine	3ᵉ	St Pierre	r. Dufour	r. Miraudhaux
Alsace (d')	5ᵉ	St Michel	r. Dutertre	b. Marceau
Als-Lorraine	3ᵉ	Nlle Poste	b. Seguin	b. des Casernes
Ampère	3ᵉ	Lycée	b. du Lycée	r. de Lyon
Aqueduc (de l')		Israélite	r. Wagram	r. Monthabor
Arago		St Pierre	b. d'Arzew	r. Dufour
Arunis	1ᵉʳ	Préfecture	r. la Préfecture	r. d'Alger
Arènes (des)		Vil. Nègre	b. sébastopol	pl. des Arènes
Arsenal (de l')		mine	pl. la République	r. d'Orléans
Artillerie (de l')		des quée	b. des Casernes	r. d'Arzew

NOMS	Arr.	Quartiers	Commencent	Finissent
Arzew (d')	3	Fondouck	b. Seguin	porte Gambetta
Assas (d')	5	St Michel	b. Marceau	b. Fulton
Atlas (de l')	1	Marine	r. d'Orléans	r. de Joinville
Auber	1	Bastrana	r. Philippe	r. de Turin
Aumale (d')	3	Mosquée	b. des Casernes	r. Vieille Mosq.
Austerlitz (d')	2	Israélite	r. Léoben	pl. de Naples
Azoll (d')	3	Fondouck	r. Brancion	r. Abricotiers
Banque (de la)	1	Banque	b. Malakoff	[illegible]
Barcelone (de)	—	Calère	r. de l'Arsenal	à la montagne
Bassano	1	Hôpital Mre	pl. du Colysée	r. Montebello
Bastia	4	St Antoine	r. de Tlemcen	pl. Laurence
Bastille (de la)	3	St Esprit	b. Seguin	r. Artillerie
Bastrana	1	Château N.	r. Auber	r. de Turin
Baudin	3	St Pierre	r. Kinburn	r. Duvivier
Bazeilles (de)	5		r. Duvivier	[illegible]
Beauharnais	5		r. Dufour	r. Mostaganem
Beaurepaire	5	Karguentah	pl. du Square	b. du Sud
Bedeau	3	St Pierre	porte St Pierre	Chemin de [illegible]
Belfort (de)	1		r. Dufour	r. d'Arzew
Belleville (de)	4	Karguentah	b. Sébastopol	b. Seguin
Béranger	3	St Pierre	r. d'Arzew	[illegible]
Berlin	1	St Louis	r. de l'Église	r. Tagliamento
Bernardin	3	St Pierre	r. de l'Alma	[illegible]
Berryer	5	Vill. Nègre	r. Dombasle	[illegible]

NOMS	Ar¹	Quartiers	Commencent	Finissent
Bitche (de)	3	St Pierre	r. Turenne	r. Beauharnais
Boers (des)	---	St Michel	b. Marceau	r. Brancion
Boileau	---	St Pierre	r. Béranger	r. Arago
Bologne (de)	5	St Michel	r. des Moulins	r. Daumas
Bordeaux	8	Nlle Poste	r. d'Igli	r. Als. Lorraine
Bosquet	2	Israélite	pl. d'Armes	---
Boufarick (de)	4	Vil. Nègre	b. du Sud	r. Abdelkader
Bourbaki	---	---	pl. du Cimetière	r. de Mascara
Bouscarain	3	St Michel	b. Marceau	r. de la Gare
Boyer	---	Vlle Mosquée	r. Vlle Mosquée	b. des Casernes
Brancion	---	Fondouck	r. du Fosdouck	b. Mascara
Bruat	---	---	r. St Louis	r. de Turenne
Bruys	---	St Charles	r. Mostaganem	r. Carnot
Bugeaud	---	V. Mosqué	r. Thierry	r. Boyer
Caire (du)	1ᵉʳ	Chateau N.	r. de Gênes	r. de l'Habra
Calère (de la)	---	---	pl. Isabelle	la Montagne
Calvaire (du)	---	la Calère	r. Léonie	r. de l'Arsenal
Calvi (de)	4	St Antoine	R. Tlemcen	pl. Laurence
Cambronne	---	---	b. Mascara	r. St André
Camp St Philip.	2	Israélite	p. des Carrières	p. de la Caserne
Canrobert	3	Miramar	r. d'Arzew	---
Carnot	---	---	Miramar	Miramar
Carrières (des)	2	Israélite	p. des Carrières	b. National
Carriole (de la)	3	St Pierre	r. Arago	r. Racine

NOMS	Ar.	Quartiers	Commencent	Finissent
Casernes (des)	3ᵉ	Nlle Poste	b. Seguin	b. des Casernes
Caserne Neuve	1ʳ	Vlle Casbah	r. Tagliamento	porte la Caserne
Catherine	—	Marine	r. Médéah	r. Léone
Cavaignac	3ᵉ	Fondouck	b. Seguin	r. de Lourmel
Cazenave	—	St Pierre	r. d'Arzew	
Cercle Mre (du)	2ᵉ	Chateau N.	pl. d'Armes	Chateau Neuf
Chameau (du)	1ʳ	la Calère	r. de l'Arsenal	pl. Isabelle
Chanzy (de)	5ᵉ	St Michel	b. Sébastopol	b. Marceau
Charcot	3ᵉ	Miramar	Miramar	Miramar
Charles-Quint	1ʳ	Préfecture	pl. Kléber	Quai Ste Marie
Charras	—	St Louis	pl. de la Perle	r. Tagliamento
Chateaudun	2ᵉ	Israélite	Camp St Philip.	b. National
Chéliff (du)	1ʳ	Chateau N	r. de Turin	r. de Turin
Chenier	3ᵉ	St Pierre	r. St Pierre	r. Alphonsine
Cheval Noir (du	4ᵉ	Vil. Nègre	r. Arbal	Bourbaki
Chotts (des)	—		X	de la Gazelle
Cristophe Colomb	1ᵉ	Marine	r. Charles-Quint	route du Port
Chypre (de)	3ᵉ	St Michel	r. de la Ténira	r. Branclon
Cirque (du)	4ᵉ	Hôpit. civil	b. du 2 Zouaves	r. de l'Industrie
Glauzel	—	St Antoine	porte de Valmy	
Clovis-Dupuis	—	—	r. du Dahomey	r. de Ganay
Colmar (de)	3ᵉ	Nlle Poste	r. d'Igli	r. Paixhaus
Colomb	4ᵉ	St Antoine	r. Achille	r. Sidi Snoussy
Colysée (du)	1ʳ	St Louis	r. Darrey	r. Montebello

NOMS	Art.	Quartiers	Commencent	Finissent
Comt Lamy (du)	—	Bastrana	r Philippe	r du Chéliff
Condé (de)	3·	St Pierre	r d'Arzew	r Mirauchaux
Conduite d'Eau	1ʳ	la Calère	r de Berlin	r des Jardins
Constantine (de	4·	Vil. Nègre	r du Figuier	b du Sud
Coulmiers (de)	3·	St. Pierre	r Mirauchaux	r Davoust
Courbet	5·	St. Michel	b Marceau	r Détrie
Cristel (de)	4·	St. Antoine	b de Mascara	r Bourhaki
Crève cœur	2·	Israélite	r des Jardins	r de la Révolution
Dahomey (du)	4·	St. Antoine	b National	c. St-Phifippe
Damiette (de)	2·	Israélite	r de Wagram	r de l'Aqueduc
Dampierre	3·	St. Pierre	r de Turenne	Id.
Damrémont	—	—	r Beauharnais	r Lavigerie
Dar Beida	5·	St. Michel	r Daumas	r Dutertre
Daru	4·	Vil. Nègre	b J. Andrieu	b Mascara
Daumas	5·	St. Michel	b Marceau	b. Fulton
Daumesnil	—	—	r Dutertre	Hôpital Civil
Davoust	3·	St. Pierre	r de Coulmiers	r Mirauchaux
De Ganay	4·	St. Antoine	pté de Mascara	à la Poudrière
Dego	2·	Israélite	r d'Austerlitz	r de la Revolution
Déligny	4·	St. Antoine	b de Mascara	r de Tlemcen
Demaeght	3·	St. Charles	pté Mostaganem	pte St-Pierre
Denfert Rochereau	4·	St. Antoine	r Tlemcen	c. St-Philippe
Desaix	1·	St. Louis	r Alkmaer	r de Berlin
Descartes	5·	Vil. Nègre	r de l'Est	r de l'Ouest

NOMS	Art.	Quartiers	Commencent	Finissent
Détrie	5	St-Michel	pte de la Gare	pte Cimetière
Dombasle	4	Vil-Nègre	r des Arènes	b J. Andrieux
Douane (de la)	1	Marine	r d'Orléans	q de la Douane
Dresde (de)	—	St-Louis	r de l'Hopital	r V. Casbah
Dufour	3	St-Pierre	pl. Hoche	r Béranger
Dumanoir	—	—	r Arago	r Alphonsine
Duperré	1	Marine	r de la Douane	r Duquesne
Duprédes. Maur	4	St-Antoine	r St-Grégoire	r de Cristel
Dupuytren	3	St-Pierre	r Kimburn	pl des Victoires
Duquesne	1	Douane	r de la Fontaine	r de Thébaïde
Dupuy	5	St-Michel	b Fulton	b Marceau
Dutertre	—	—	b Marceau	pte Cimetière
Duvivier	1	St-Louis	r Charras	r Tagliamento
Duvivier	—	—	r de Moscou	—
Ecoles (des)	2	Hotel de Ville	r de la Mairie	b Magenta
Edgard Weber	1	Prefecture	r de Tenez	r Philippe
Église (de l')	1	Hopital m.	r Ahmaek	r de Berlin
Emir (de l')	4	St-Antoine	r Ould Cadi	r Bourbaki
Escoffier	2	Israelite	r Wagram	r d'Austerlitz
Est (de l')	5	Vil-Nègre	r du G¹ Cérez	r de Stora
Estrées (d')	—	St-Michel	r Pasteur	r Margueritte
Etoile (de l')	4	Vil-Nègre	r d'Arbal	r Bourbaki
Faure	3	Lycée	b du Lycée	r Séguin
Fénelon	2	Israélite	pl des Carrières	b National

NOMS	Art	Quartiers	Commencent	Finissent
Figuier (du)	4	Vil. Nègre	r d'Arbal	r Bourbaki
Figuig (du)	2	Préfecture	b. Malakoff	r des Jaedins
Flatters	4	St Antoine	r de Cristel	St Grégoire
Fleurus (de)	2	Israélite	r de Lutzen	r de Fsiedland
Fonderie (de la)	8	Bastille	r des Casernes	r du Fondouck
Foudouck (du)	—	Fondouck	b. Seguin	pl. Hoche
Fontaine (de la)	1	Marine	r d'Orléans	r Duquesne
Forêts (des)	3	Fondouck	r du Fondouck	r Bruat
Friedland	2	Israélite	r de Ratisbonne	r de Wagram
Gambetta	4	St Charles	r Mostaganem	Pte Bel Air
Garbé	4	St Antoine	r Achille	r de Tlemcen
Gare (de la)	5	St Michel	r Daumas	b. Marceau
Cazelle (de la)	4	Vil. Nègre	pl. Adélaïde	r du Bignier
Géants (des)	—	—	r d'Arbal	r de Relizane
Général Cérez	5	St Michel	b. Mascara	b. Seguin
Général Jeubert	2	Hotel de Ville	b. Seguin	b. Charlemagne
Gênes (de)	—	Chateau Neuf	r Philippe	r Philippe
Géraux (de)	5	Vil. Nègre	r Tour d'Auv	b. d'Iéna
Géryville (de)	—	—	r Kabylie	—
Gobelins (des)	4	—	r Ould Cadi	r Fourbaki
Gueydon (de)	3	Fondouck	r de Lourmel	r des Forêts
Habra (de l')	2	Chateau Neuf	r de Gênes	r de Tafna
Hamelin	3	Fondouck	r St Louis	r Brancion
Honscoot	1	St Louis	pl. de la Perle	pl. Honscoot

NOMS	Art.	Quartiers	Commencemt	Finissent
Hopital (de l')	1	St-Louis	r.VieuxChateau	p. de la perle.
Hotel de Ville	2	Israélite	r. St-Félix	b. Séguin
Hyacinthe	3	St-Pierre	pl. Hoche.	r. Dumanoir
Igli (d')	—	Nlle Poste	r. El-Moungar	r. du Tivoli
Inkermann	—	St-Pierre	r. de Lourmel	p. Hoche
Intendance (de l'	1	Ville Casbah	r.VieuxChateau	r, Vle Casbah
Irénée	2	Karguentah	b. Charlemagne	b. du 2e Zouaves
Isly	4	Vil. Nègre	b. Mascara	r. du Figuier
Jardins (des)	1	Banque	pl. Quinconces	p. d'Armés
Jasseron	5	Karguentah	b. du 2e Zouaves	r. des Arènes
Jean Bart	1	Marine	q. de la Gare	q. de la garé
Jeanne d'Arc	3	St-Pierre	r. Duvivier	r. Dumanoir
Joinville (de)	1	Marine	r. de Lodi	r. de Lodi
Jolin	4	St-Antoine	r. d'Isly	r. Militaire
Josephine	2	Préfecture	r. Ténez	r- Sauzède
Joubert	1	Hopital Mre	r. Montébello	r. du Colisée
Jules Favre	3	St-Pierre	r. Bruys	r. Gambetta
Kabylie (de)	4	Vil. Nègre	r. de l'Est	b. du Sud
Karguentah	2	Karguentah	b. Sébastopol	r. St-Denis
Kimburn	3	St-Pierre	pl. Hoche	r. Béranger
Kellermann	—	—	r. M Canrobert	r. Bedeau
Kreider (du)	—	St-Charles	r. Gambetta	r. Demaëght
Lacépède (de)	3	—	—	r. Mostaganem
Laghouat (de)	4	Vil. Nègre	r. de Lélang	r. de la Gazelle

NOMS	Art.	Quartiers	Commencent	Finissent
Laffitte	3	V. Mosquée	r Paixhans	à la plage
Lamartine	1	Préfecture	b. Malakoff	r Trobriant
Lamoricière	3	St Esprit	r des Casernes	r Mastaganem
Lanjuinais	—	St Charles	r Mostaganem	Jules Favre
Lapasset	5	St Michel	b. Fulton	b. Seguin
Larrey	1	Hopitale m^e	b. Oudinot	pl. du Colysée
La Tour d'Auv-e	5	St Michel	r des Pommiers	r Dutertre
Lauriers	—	Vil. Nègre	b d'Iéna	b. du Sud
Lavayssière	3	St Charles	Pte de la Gare	Pte Mostagan^em
Lavigerie	—	St Pierre	r Mostaganem	r Damrémont
Lefevre	1	Calère	r de l'Arsénal	r de Barcelone
Legrand	4	St Antoine	r Sidi-Snoussy	r de Tlemcen
Lelièvre	3	St Pierre	r Canrobert	r de Bedeau
Léoben	2	Israélite	r de Wagram	pl. des Carrière
Léone	1	Marine	r de Lodi	r de l'Arsenal
Lepelletier	2	Hot de Ville	pl. d'Armes	—
Lesseps (de)	3	St Pierre	r Dufour	r Arago
Létang	4	Vil. Nègre	b. Mascara	r du Figuier
Lille	3	St Pierre	r Arago	r Béranger
Lodi (de)	1	Marine	r de l'Arsénal	r Léone
Lois (des)	5	Karguentah	b. du 2e Zouaves	r du Gal Cérez
Lorraine (de)	—	St Michel	b. Marceau	b. Fulton
Louis Blanc	3	—	Chemin de fer	r St Quentin
Lourmel (de)	—	Fondouek	r d'Arzew	r Mostaganem

NOMS	Art	Quartiers	Commencent	Finissent
Lyon	3	Nle Poste	r Alsace-Lor	r Ampère
Mac-Mahon	4	St-Antoine	l. Laurence	— de Ganay
Mrcta (de la)	5	Vil Nègre	r d'Iena	b. du Sud
Madrid (de)	1	Hopital Mil.	Larcey	rampe Madrid
Mahon	3	St-Pierre	—	r X.
Maillot	5	St-Michel	r Dutertre	Hopital civil
Mairie (de la)	2	Hotel de Ville	b National	r. St-Félix
Málaga (de)	1	La Calère	r du 24 Février	r. du Chameau
Manegat	2	Karguentah	r St-Dénis	b. Sébastopol
Marceau	3	St-Pierre	s d'Arzew	pl. Hoche
Marché	2	Karguentah	r St-Dénis	r. Irénée
Mareshal Rey (du)	3	St-Pierre	r d'Arzew	— St-Pierre
Marengo	1	St-Louis	r Charras	X
Margueritte	3	— Jules	—	— St-Jules
Marie Thérèse	—	Vlle Mosquée	r Ramitte	— Therry
Marion	1	Préfecture	r la Préfecture	— d'Alger
Martial	4	Vil Nègre	r du Figuier	— de l'Etoile
Mascara (de)	—	St-Antoine	r Achille	— Calvi
Marseille (de)	3		r El Moungar	— de Lyon
Mazagran (de	4	Vil Nègre	r Stora	— de Géreaux
Médéah	1	Marine	r de l'Arsenal	pl. d'Orléans
Médine	—	Hopital Mil.	pl. de la Perle	r de la Vlle Casbah
Menerville	—	la Casbah	r de l'Intendance	— de Dresde
Milan	2	Israélite	pl Blandan	— Friedland

NOMS	Ar.	Quartiers	Commencent	Finissent
Miliana	1	Marine	r. de l'Arsenal	r. d'Orléans
Mina (de la)	3	Vlle Mosquée	r. Vlle. Mosquée	plage Ste-Thérèse
Mirabeau	3	St-Michel	r. Dutertre	r. Stora
Mirauchaux	3	St-Pierre	pl. des Victoires	pass. à Niveau
Money	—	—	r. Maréchal Ney	r. de Bedeau
Montagnac	4	Vil. Nègre	r. Escoffier	r. Jolin
Montagne (de la)	1	la Calère	r. de Barcelon	pl. Isabelle
Mont.St-Herre	2	St-Pierre	—	—
Montebello (de)	1	St-Louis	r. de Madrid	r. du Col
Montesquieu	5	Karguentah	b. Magenta	r. d'Arbal
Monthabor	2	Israélite	r. des Jardins	R. de la Révolution
Morris	1	la Casbah	Vieux Chateau	R. de l'Intendance
Mosquée (de la)	—	Chateau Neuf	r. Philippe	r. Philippe
Mostaganem (de	3	St. Michel	h. Seguin	pte Mostaganem
Moulins (des)	5	—	b. Marceau	b. Fulton
Moungar (de)	3	r. X.	r. Al.-Lorraine	b. du Lycée
Murat	—	Miramar	r. St Pierre	—
Mustapha Ismael	2	Israélite	r. d'Austerlitz	R. de la Révolution
Naples (de)	—	—	pl. de Naples	pl. d'Armes
Narbonne	1	Casbah	r. de Lisbonne	r. Tagliamento
Négrier	5	Vil. Nègre	b. Iena	r. Général Cérez
Nemours	—	St Michel	r. Papin	r. Daumas
Nigritte	4	Vil. Nègre	b. Mascara	b. du Sud
Nuble	—	—	b. du Sud	b. d'Iena

NOMS	Art.	Quartiers	Commencent	Finissent
Olivier (de l')	1	la Calère	r. Sebdou	r. du Chateau
Orléans (d')	—	Préfecture	pl. Kléber	q. de la Douane
Ouest (de l')	3	Vil. Nègre	r. d'Arbal	b. d'Iéna
Ould Kadi	4	—	r. du Figuier	b. de Mascara
Paix (de la)	3	du Lycée	b. Seguin	r. Paixans
Paixhans (de)	—	—	r. de la Paix	r. Vlle. Mosquée
Palat	4	Vil. Nègre	r. de Lagouat	r. du Figuier
Palmier (du)	1	Préfecture	r. Philippe	r. de Saïda
Papin	5	St. Michel	r. St. Michel	b. Seguin
Paris (de)	2	Israélite	r. de Vienne	b. du 2ᵉ Zouaves
Parmentier	5	St. Michel	r. des Pommiers	r. Dutertre
Pasteur	3	—	b. Marceau	r. Louis Blanc
Paul Bert	—	Fondouck	r. des Forêts	pl. Hoche
Pelissier	—	St. Esprit	r. des Casernes	r. du Fondouck
Philippe	1	Chateau Neuf	pl. Kléber	pl. d'Armes
Poiré	3	St. Pierre	r. St. Pierre	—
Pologne (de)	1	Marine	r. d'Orléans	r. Duquesne
Pomel	3	St. Pierre	r. d'Arzew	—
Pommiers (des)	5	Vil. Nègre	b. Fulton	b. d'Iéna
Pontéba	1	St. Louis	pl. de la Perle	r. Berlin
Préfecture (delà)	—	Préfecture	b. Oudinot	r. Trobriant
Prétoria (de)	5	Vil. Nègre	b. du Sud	r. de l'Est
Progrès (du)	—	Hopital civil	b. du 2ᵉ Zouaves	b. de l'Industrie
Pyramide (des)	2	Israélite	pl. de Naples	pl. Blandan

NOMS	Art.	Quartiers	Commencent	Finissent
Raab	1	St Louis	r de l'Eglise	r. Desaix
Racine	3	St. Pierre	r Béranger	r Arago
Randon	2	Israélite	r de laRévolution	r de Vienne
Ratisbonne	—	—	r. Friedland	r d'Austerlitz
Raz el Aïn	1	Préfecture	r de Ténez	r Philippe
Réaumur	3	St Pierre	r Dufour	r Philippe
Relizane	5	Vil. Nègre	b. Fulton	r du Figuier
Remonte (de la)	3	VleMosquée	r des Casernes	r. de la Vᵉ Mosquée
Rempart (des)	2	Château N	p d'Armes	rampe Château N
Repentir (du)	5	Karguentah	b Magenta	b Fulton
Révolution (la)	2	Israélite	p des Carrières	p d'Armes
Richepanse	1	Château N	r de Gênes	r Philippe
Rivoli (de)	1	la Casbah	Vieux Chateau	r Ménerville
Rome (de)	—	Préfecture	b Oudinot	r des Jardins
Rouget de l'Isle	3	Fondouck	rdeMostaganem	r du Fondouck
Sahara (du)	4	Vil. Nègre	b Andrieux	r du Figuier
Saïda (de)	1	Préfecture	r Philippe	r des Jardins
Saint André	4	St. Antoine	r Deligny	r de Ganay
— Augustin	1	Marine	r. Charles-Quint	r du port
— Charles	2	de la Gare	rdeMostaganem	Gare P.-L.-M.
— Denis	2	Karguentah	r St Félix	b. du 2ᵉ Zouaves
— Eugène	4	St Antoine	r de Tlemcen	Camp St.Philip.
— Félix	2	HôteldeVille	p d'Armes	b. Sébastopol
— Grégoire	4	St. Antoine	b Mascara	r de Ganay

NOMS	Ar.	Quartiers	Commencent	Finissent
St Hubert	3	Fondouck	r. du on-louck	r. de Mostaganem
—Louis	—	—	—	—
—Michel	5	St Michel	r, de Mostaganem	r. Daumas
—Pierre	3	St Pierre	p. des Victoires	Passage à niveau
— Quentin	—	St Charles	r. Louis Blanc	r. de Mostaganem
Sainte	—	Fondouck	r- St Louis	r, Brancion
Sainte Marie	1	Marine	r. d'Orléans	r, CharlesQuint
—Rhérèse	3	Lycée	r. Lahitte	Ravin St-Thérèse
Salles (de)	—	Fondouck	r. d'Arzew	r, Cavaignac
San Benito	1	Marine	r. Charles Quint	r, Ximénès
Santa Cruz	4	St Antoine	b. Mascara	r, Bourbaki
Sarthène (de)	—	—	r. Deligny	r, Galvi
Sauzède	2	Préfecture	r. de Saïda	r, de Gênes
Say	3	Lycée	r. Lahitte	Ravin St-Thérèse
Schneider	—	St Michel	b. du Lycée	r, de la Palx
Sebdou (de)	1	—	r. de l'Olivier	r, de l'Arsenal
Séguier	2	la Calère	r. de la Révolution	r, de Vienne
Seguin	3	Israélite	b. Seguin	r, Schneider
Sidi Ferruch(de	5	Lycée	—	b, Marceau
— Snoussy	4	St Antoine	r. Deligny	r, de Ganay
Sors	3	Fondouck	r. Braucion	h. Marceau
Stora	5	Vil. Nègre	b. Seguin	b, d'Iéna
Strasbourg (de)	3	—	r. d'Igli	r, Paixhans
Suez	2	Israélite	r. de Wagram	r, d'Austerlitz

Machines à coudre SINGER

Grand Prix de Paris 1900

VENTE ANNUELLE :

1.400.000 machines

ORAN — 36, Boulevard Seguin, 36 — ORAN

MEFIEZ VOUS DES CONTREFAÇONS

NOMS	Art	Quartiers	Finissent	commencent
Synagogue (de)	2	Israélite	r de Vienne	r St-Félix
Tagdempt (de)	4	Vil. Nègre	b du Sud	r de l'Etoile
Tagliamento	1	la Casbah	r Viel Casbah	—
Tenez	—	Préfecture	r Trobriant	r de Gènes
Ténira (de la)	3	St-Michel	r Mostaganem	b Marceau
Thierry	—	V. Mosquée	r de a Mina	r des Casernes
Thiers	—	Bastille	r de la Bastille	r du Fondouck
Thuillier	1	Préfecture	pl. Kléber	Pr. Létang
Tiaret (de)	—	la Calère	r du Chameau	r de Sebdou
Tivoli (de)	3	V. Mosquée	r des Casernes	Viel. Mosquée
Tlemcen (de	4	St-Antoine	porte Tlemcen	b National
Tombouctou (de)	—	Vil. Nègre	r du Figuier	b du Sud
Tour d'Auvergne	5	—	r des Pommiers	r Dutertre
Tracktir	3	St-Pierre	pl. Hoche	pl des Victoires
Trente (de)	1	St-Louis	r de Montebello	b Oudinot
Trobriant	—	Préfecture	imp. Meuriot	r de Tenez
Tugela (de la)	4	St-Antoine	r Vinciguerra	r de Gamass
Turenne (de)	3	St-Pierre	r Dufour	r de Mostaganem
Turin	1	Bastrana	r Philippe	r Philippe
Ulm (d'	2	Israélite	r d'Austerlitz	Friedland
Vallée	1	St-Louis	r Honscot	Pontéba
Vauban	4	St-Antoine	r de Tlemcen	Clovis Dupins
Verdum (de)	3	StPierre	r Dufour	r Tracktir
Victor-Hugo	—	St-Charles	r Gambetta	r Demaeght

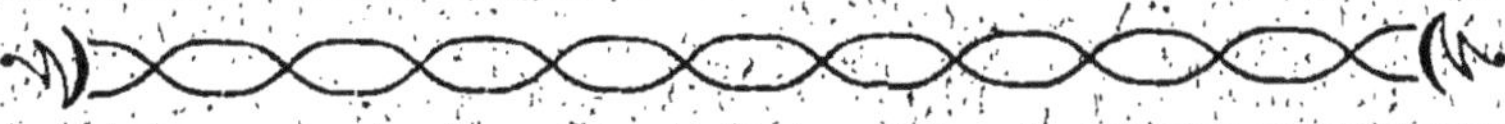

NOMS	Art.	Quartiers	Commencent	Finissent
Vieille Casbah	1	Casbah	r de l'Intendance	r Tagliamento
Id Mosquée	3	V. Mosquée	r Maixhans	b des Chasseurs
Vienne (de)	2	Israélite	b National	p des Carrières
Vieux Château (du)	1	Casbah	**Caserne des Zouav**	b Oudinot
Villar et Joseuse	—	Marine	r Ximénes	r Charles Quint
Vincendon	3	St-Pierre	r de Coulmiers	r de Bedeau
Vinciguerra	4	St-Antoine	r Clovis Dupuis	**Camp. St. Philippe**
Vingt Quatre Fevr.	1	la Calère	r de Berlin	r Welsfort
Voltaire	3	Miramar	St-Pierre	—
Wagram	2	Israélite	r des Jardins	**Camp. St. Philippe**
Weimbrenner	1	Marine	r de la Fontaine	r Charles Quint
Welsfort	—	la Calère	r du 24 Fevrier	à la Montagne
Ximénes	—	Marine	r Charles Quint	route du Port
Yusuf	4	Vil Nègre	b Joseph Andrieux	b d'Iena
Zurich (de	2	Israélite	r d'Austerlitz	r de Wagram

BOULEVARDS

NOMS	Art.	Quartiers	Commencent	Finissent
Casernes (des)	3	**Viel. Mosquée**	r Alsace-Lorra	**b. des Chasseurs**
Charlemagne	—	Karguentah	r St-Felix	b. Séguin
Chasseurs (des)	—	**Viel. Mosquê**)	b des Casernes	T. Ch. de Fer
Dahomey (du)	5	Israelite	b National	C. St-Philippe
Zouaves du 2	2	Karguentah	b Séguin	b National

Bar du Ravin

Manuel TORRES

ORAN—5, BOULEVARD OUDINOT, 5—ORAN

Consommations de 1er Choix

RENDEZ-VOUS DES OUVRIERS

NOMS	Art.	Quartiers	Commencent	Finissent
Froment Coste	3	St Eugène	Route Mostaganem	Route d'Arcole
Fulton	5	St Michel	b. Sébastodol	Plateau-St Michel
Iéna (d')	—	Vil. Nègre	—	Cimetière
Industrie (de l')	—	Hôpit. Civil	r Jasseron	r du Cirque
Joseph Andrieux	4	vil. Nègre	b. National	au Cimetière
Lycée (du)	2	Hotel de Ville	— Séguin	r Paixhans
Magenta	5	Karguéntah	r de Vienne	r Mostaganem
Malakoff	1	Préfecture	pl. Quinconces	pl. Kléber
Marceau	5	St Michel	r Mostaganem	—de la Gare
Mascara (de)	4	St Antoine	b. National	pte de Mascara
National	2	Hotel de Ville	r de Tlemcen	pl- d'Armes
Oudinot	1	Préfecture	pl. Quinconces	— Kléber
Sébastopol	2	St Michel	b. National	Hôpital Civil
Séguin	—	Hotel de Ville	pl- d'Armes	b. Fulton
Tivoli	3	V. Mosquée	r d'Arzew	r X.

IMPASSES

Combet ; Sainte Marie des Champs ; Sainte-Thérèse ; Sédiman ; rue Charlemagne ; 41 boulevard Séguin ; 44 rue de Mostaganem ; rue de l'Hôpital.

BOUCHERIE

DOMINIQUE MATHÉRA

ORAN — 10 Rue Philippe 10 — ORAN

Maison de toute confiance

Viande de 1er choix — Fraicheur garantie — Prix modérés

JETÉES

GRANDE JETÉE.—Quartier de la Marine, Bains de Mer.
PETITE JETÉE ou *JETÉE SAINTE THÉRÈSE.*—Quartier de la Marine;
Yacht-Club-Oranais; Poste des Pilotes.

PROMENADE DE LÉTANG; Commence rue de Turin,
en face le Casino; finit route du Port

NOMS	A.t.	Quartiers	Commencent	Finissent
PLACES				
Adélaïde	4°	Vil. Nègre	r. d'Isly	r. d'Isly
Armes (d')	2°	Hôtel de Ville	r. la Révolution	b. National
Bastille (de la)	3°	St Esprit	r. des Casernes	r. de la Bastille
Blandan	2°	Israélite	r. d'Austerlitz	r. d'Austerlitz
Carrières (des)	—	---	r. de Vienne	r. de Fénélon
Evêché (de l')	5°	Karguent a	b. du 2° Zouaves	b. Magenta
Gare (de la)	—	St Michel	b. Marceau	porte Sidi Chami
Hoche	3°	St Pierre	r. Kimburn	r. Traktir
Honscoot	1°	St Louis	r. de Moscou	r. de Narbonne
Kléber	—	Préfecture	b. Malakoff	r. d'Orléans
Laurence	4°	St Antoine	r. Achille	r. Achille
Liberté (de la)	—	---	r. St André	r. St André

NOMS	Art	Quaties	Commencent	Finissent
Marché Arabe	5e	Vil. Negre	r. du Figuier	r du Cheval Noir
Id. Karguentah	—	Karguentah	b. 2e Zuaves	b. Sébastopol
Naples (de)	2e	Israélite	r. de Naples	r. d'Austerlitz
Nemours	1r	Marine	r. d'Orléans	r. d'Orléans
Orléans (d')	—	Id.	Id.	Id.
Pécherie (de la)	—	Id.	Id.	q. Ste-Marie
Perle (de la)	—	St-Louis	r. de l'Hopital	r. Honscoot
Pologne (de)	—	Marine	r. d'Orléans	r. de Pologne
Quinconces (des	—	Préfecture	b. Malakoff	r. des Jardins
Republique (de la)	—	Id.	r. Hte d'Orléans	r. d'Orléans
Sebastopol	5e	St-Michel	b. Sebastopol	b. Fulton
Sidi Blal	4e	Vil. Nègre	r. de l'Etoile	r. de l'Etoile
Square (du)	5e	Karguentah	b. Magenta	r Montesquieu
Victoires (des)	3e	St-Pierre	r. d'Arzew	r St-Pierre
Villebois Mareuil	—	Hotel de Ville	b. Seguin	r. de la Paix

PASSAGES

NOMS	Art	Quaties	Commencent	Finissent
Deromaigné	3e	Fondouck	r. du Fondouck	r Mostaganem
Guglielmi	—	Bastille	r des Casernes	r la Bastille
Maufrais	2e	Préfecture	r de Gênes	r de la Mosquée
Saint Charles	3e	Fondouck	r d'Arzew	r Cavaignac

NOMS	AT^L	Quartiers	Commençent	Finissent
QUAIS				
Bougainville	1e	Marine	q. Lamoune	q. Lamoune
Central	—	—	Ste-Marie	— Gare (de la)
Charlemagne	—	—	Id.	— Central
Douane (de la)	—	—	r. d'Orléans	j. Ste-Thérèse
Gare	—	—	q. Ste-Marie	q. de la Gare
Jeant Bart	—	—	Gare (de la)	j. Ste-Thérèse
Sénégal (du)	—	—	Ste-Marie	Grande Jetée
Lamoune	—	—	Douane (de la)	q. Charles-Quint
Sainte Marie	—	—	Id.	
RAMPES				
Chateau Neuf (du)	2e	Chateau-Neuf	r. Philippe	au Chateau-Neuf
Madrid	1e	Préfecture	p. Kleber	r. de Madrid
ROUTES				
Mers el Kebir	1e	Marine	r. d'Orléans	fort Lamoune
Plage (de la)	3e	Lycée	de la Paix	p. Ste-Thérèse
Port (du)	1e	Chateau-Neuf	q. Ste-Marie	pl. d'Armes
MARCHÉS				

BASTRANA. — 1er Arrondissement. Entre les rues Auber, du Chéliff et de Turin.

KARGUENTAH. — 2e Arrondissement. Entre les boulevards Sebastopol, du 2e Zouaves et les rues Saint-Denis et Belleville.

BANQUES & BANQUIERS

BANQUE DE L'ALGÉRIE, 22 boulevard Malakoff
COMPAGNIE ALGÉRIENNE, 7 boulevard Séguin
CRÉDIT FONCIER, 9, boulevard du Lycée
CRÉDIT LYONNAIS, 3, boulevard Séguin
     —   —   Succursale, place de la République
MM. BERR FRÈRES, place des Quinconces
    GIRAUD FRÈRES, 26, rue d'Orléans
    HENRY PEREZ, place du Square

Service de Diligences et Voitures publiques

ORAN à ARCOLE
— à El Ançor, par Mers-el-Kebir, Aïn el Turk et Bou-Sfer.
— à Mascara, par La Sénia, Valmy, Sainte-Barbe du Tlélat, Saint-Denis-du-Sig, Dublineau.
— à Mostaganem, par Saint-Eugène, Assi Bou-Nif, Assi Ameur, Assi ben Okba, Saint-Cloud, Renan, Sainte-Léonie, Arzew, Port-aux-Poules, la Macta et la Stidia.
— à Saint-Maur, par La Sénia et Valmy
— à Tafaraoui, par La Sénia et Valmy
PERRÉGAUX à Mostaganem, par Noisy les Bains, Rivoli et Mazagran.
TIARET à Frendah, par Palat.
TLEMCEN à Beni-Saf par Hennaya et Montagnac
— à Nemours, par Lalla Maghnia et Nédromah
— à Sebdou, par Terny.

HORAIRE DES TRAINS

Dist. Kil.	Departs d'Oran pour	Comp.ie	Heures de départ d'Oran
301	Affreville	P-L-M	M. 9 h. 42. Exp d'Alger. Lun, Merc et Vend. soir.
220	Aïn el Hadjar	Etat	S. 5 h. 19. Mar. Jeu. Sam.
516	Aïn el Hadjadj	—	Id.
156	Aïn-Fezza	O.-A.	M. 6 h. Dim. Lun. Mar. Mer. Jeu. m. 8.48-m. 6.50
492	Aïn-Sefra	Etat	Mar. Jeu. et Sam s. 5 h. 30
222	Aïn-Sarb	—	Matin 6 h. et 9 h. 42
179	Aïn-Tédélès	—	Id.
125	Aïn-Tellout	O.-A.	M. 6 h. et 6 h. 59. Dim. Lun. Mer. Jeu. m. 8. h. 48
76	Aïn-Temouchent	—	M. 6 h. 35-midi 25-s. 5 h. 25
421	Alger	P-L-M	M. 9 h. 42-Exp. Lun. Mer. et Vend. soir.
17	Arbal	—	M. 6 h. et 9 h. 42-s. 1 h. 5 h. 9, 8 h. 1|2
45	Arzew	Etat	M. 6 h. 55. S. 1 h. et 4 h 55
18	Assi Ameur	—	M. 5 h. 20-Midi 40-S. 5 h. 40
14	Assi-bou-Nif	—	Id.
295	Assi-el-Madani	—	M. 5 h. 20
100	Barrage Oued Ferg	—	Id.
169	Bedeau	O.-A.	M. 6 h. et 6 h. 50. Dim. Lun. Merc. et Jeu. m. 8 h. 48.
137	Bel-Hacel	Etat	Matin 6 h. et 9. h. 42
637	Béni-Ounif	—	Mardi, Jeu. et Sam. S. 5.40
35	Bou-Tlélis	O.-A.	M. 6 h. 35. Midi 25. S. 5 h25 et 4 30.
698	Ben-Zireg	Etat	Mar. Jeu. et Sam. S. 5 h. 10
350	Ber-Sénia	—	M. 5 h. 20.
370	Blidah	PL-M-	M. 9 h. 42
469	Bou Ghellala	Etat	M. 5 h. 20
126	Bou Hanifa	—	Id.
672	Bou Afech	—	Mar. Jeu. et Sam. S. 5 h. 10

Dist. Kil.	Departs d'Oran pour	Comp^{ie}	Heures de départ d'Oran
97	Boukanéfis	O.-A.	M. 6 h. 6 h. 50. Dim. Lun. Mar. Mer. Jeu. M. 8 h. 48.
323	Bou-Ktoub	Etat	Mar. Jeu. et Sam. S. 5 h. 10
228	Bou-Rached	—	M. 5 h. 20.
31	Brédéah	O.-A.	M. 6 h. 35. Midi 25. S. 5 h. 25. Eté, 4. h. 20. Hiver
70	Chabat-et-Leham	—	Id.
109	Chanzy	—	M. 6 h. Dim. Lun. Mar. Mer. et Jeu. M. 8 h. 48.
178	Charrier	Etat	M. 5 h. 20. S. 5 h. 10
42	Damesme	—	M. 5 h. 20. Midi 40. S. 5 h. 10.
568	Dayet el Kerch	—	Mar. Jeu. et Sam. S. 5 h. 10.
76	Debrousseville	—	Id.
121	Descartes	O.-A.	M. 6 h. et 6 h. 50. Dim. Lun. Mar. Mer. M. 8 h. 48
577	Djenien-bou-Rezg	Etat	Mar. Jeu. et Sam. S. 5 h. 10
183	Djilalli-ben-Amar	—	M. 6 h. et 9 h. 42
538	Dra-es-Sâa	—	Mar. Jeu. et Sam. S. 5 h. 10
109	Dublineau	—	M. 5 h. 20. S. 5 h. 10
610	Duveyrier	—	Mar. Jeu. et Sam. S. 5 h. 10
268	El-Beïda	—	M. 5 h. 20
361	El Biod	—	Mar. Jeu. et Sam. S. 5 h. 10
411	El Harchaïa	—	M. 5 h. 20

Dist. Kil.	Départs d'Oran pour	Comp^ie	Heures de départ d'Oran
56	Er-Rahel	O.-A.	M. 6 h. 35. Midi 25. S. 5 h. 25
80	Ferme Blanche	Etat	M. 5 h. 20. Midi 40. S. 5 h. 10
138	Ferry	P-L-M	M. 9 h. 42
20	Fleurus	Etat	M. 5 h. 20. Midi 40. S. 5 h. 10
168	Fortassa	—	M. 6 h. et 9 h. 42
183	Franchetti	—	M. 5. h. 20. S. 5 h. 10
145	Froha	—	M. 5 h. 20.
592	Hadjerat M'Guil	—	Mar. Jeu. et Sam. S 5. h. 10
34	Kleber	—	M. 5 h. 20. Midi 40. S, 5 h. 10
253	Kralfallah	—	Mar. Jeu. Sam. S. 5 h. 10
374	Krebazza	—	M. 5 h. 20
309	Kreider	—	Mar. Jeu. Sam. S. 5 h. 10
118	La Guethna	—	M. 5 h. 20
59	La Macta	—	M. 5 h. 20. Midi 40. S. 5 h. 10
133	Lamoricière	O.-A.	M. 6. h. Dim. Lun. Mar.
—	—	—	Mer. Jeu. M. 8 h. 48
6	La Sénia	—	M. 6 h 35. Midi 25. S. 5 h. 25
—	—	—	et 8. h. 40
42	Lauriers-Roses	—	M. 6 h. et 6 h. 59. 8 h. 48
—	—	—	et 9 h. 42
196	Les Eaux Chaudes	Etat	M. 5 h. 20
148	Les Pins	O.-A.	M. 6 h. Dim. Lun. Mar.
—	—	—	Mer. Jeu. M. 8 h. 48

Dist. Ki.	Départs d'Oran pour	Comp^{ie}	Heures de départ d'Oran
138	Les Salines	P-L-M	M. 9 h. 42
116	Les Silos	—	M. 9 h. 42. S. 1 h. et 5 h. 9
62	Les Trembles	O.-A.	M. 6 h. 6 h. 50. 8 h. 48. 9 h. 42
61	L'Habra	P-L-M	M. 6 h. et 9 h. 42. S. 1 h. et 5 h. 9
106	L'Hillil	—	M. 9 h. 42. S. 1 h. et 5 h. 9
47	Lourmel	O.-A.	M. 6 h. 35. Midi 25. S. 5 h. 25
141	Magenta	—	M. 6 h. Dim. Lun. Mar. Mer. et Jeu. M. 8 h. 48
40	Mare d'Eau	P-L-M	M, 6 h. et 9 h. 42. S. 1 h. et 5 h. 9.
150	Mascara	Etat	M. 5 h. 20. S. 5 h. 10
390	Méchéria	—	Mar. Jeu. et Sam. S. 5 h. 10
212	Méchéria Sfa	—	Matin 6 h. et 9 h. 42
458	Mékalis	—	Mar. Jeu. et Sam. S. 5 h. 10
153	Mékalia	—	Matin 6 h. et 9 h. 42
656	Meriés	—	Mar. Jeu. et Sam. S. 5 h. 10
20	Misserghin	O.-A.	M. 6 h. 35. Midi 25. S. 5 h. 25
276	Modzbah	Etat	Mar. Jeu. et Sam. S. 5 h. 10
546	Moghrar	—	Id.
407	Moktadéli	—	M. 5 h. 20
200	Mostaganem	—	M. 6 h. et 9 h. 42
262	Muley-Abdelkader	—	M. 5 h. 20

Dist. Kil.	Départs d'Oran pour	Comp^{ie}	Heures de départ d'Oran
423	Noïama	Etat	Mar. Jeu. et Sam. S. 5 h. 10
204	Nazereg	—	M. 5 h. 20 et S. 5 h. 10
556	Oglats	—	Mar. Jeu. et Sam. S. 5 h. 10
213	Orléansville	P-L-M	M. 9 h. 42
144	Oued Chouly	O.-A.	M. 6 h. et 6 h. 50. Dim.
—	—	—	Lun. Mar. Merc. Jeu. M.
—	—	—	8 h. 48
168	Ooud-el-Kheir	Etat	M. 6 h. et 9 h. 42
55	Oued-Imbert	O.-A.	M. 6 h. 6 h. 50. 8 h. 48, 9 h. 42
134	Oued-Khellong	Etat	M. 6 h. et 9 h. 42
90	Oued-Malah	P-L-M	M. 9 h. 42. S. 1 h. et 5 h. 9.
46	Ougasse (l')	—	M. 6 h. et 9 h. 42. S. 1 h.
—	—	—	et 5 h. 9.
90	Palissy	O.-A.	M. 6 h. et 6 h. 50. Dim.
—	—	—	Lun. Mar. Mer. Jeu. M.
—	—	—	8 h. 48.
197	Pélissier	Etat	M. 6 h. et 9 h. 42
76	Perrégaux	E-P-L-M	M. 5 h. 20. 6 h. 9 h. 42.
—	—	—	Midi 40. S. 1 h. 5 h. 9
55	Port-aux-Poules	Etat	M. 5 h. 20. Midi 40. S. 5 h. 10
212	Prévost-Paradol	—	M. 6 h. et 9 h. 42
68	Prudon	O.-A.	M. 6 h. 6 h. 50. 8 h. 48 et
—	—	—	9 h. 42

Dist. Kil.	Départs d'Oran pour	Comp^ie	Heures de départ d'Oran
178	Ras-el-Ma-Crampel	O.-A.	M. 6 h. 50. Dim. Lun. Mar.
—	—	—	Mer. Jeu. M. 8 h. 48
126	Relizane	E.-P-L-M	M. 6 h. 9 h. 42. S. 1 h. 5 h. 9
34	Rénan	Etat	M. 5 h. 20. Midi 40. S. 5 h. 10
337	Rezaïna	—	M. 5 h. 20
527	Rouïba	—	Mar. Jeu. et Sam. S. 5 h. 10
81	Sahouria	P-L-M	M. 9 h. 42. S. 1 h. et 5 h. 9
209	Saïda	Etat	M. 5 h. 20. S. 5 h. 10
28	Saint-Cloud	—	M. 5 h. 20. Midi 40. S. 5 h 10
52	St-Denis du Sig	P-L-M	M. 6 h. 9 h. 42. S. 1 h. 5 h. 9
—	—	—	et 8 h. 40
26	Ste-Barbe du Tlélat	O.-A.	M. 6 h. 50. 8 h. 48. 9 h. 42
36	Ste-Léonie	Etat	M. 5 h. 20. Midi 40.
—	—	—	S. 5 h. 10
45	Saint-Leu	—	Id.
32	Saint-Lucien	O.-A.	M. 6 h. 50. 8 h. 48. 9 h. 42
8	Saint-Rémy	Etat	M. 5 h. 20. Midi 40. S. 5 h 10
226	Séfalou	—	M. 6 h. et 9 h. 42.
78	Sidi-Bel-Abbès	O.-A.	M. 6 6. 6 h. 50. 8 h. 48.
—	—	—	9 h. 42
68	Sidi-Brahim	—	Id.
11	Sidi-Chami	Etat	M. 5 h. 20. Midi 1|2
—	—	—	S. 5 h. 10

Dist. Kil.	Départs d'Oran pour	Comp^{ie}	Heures de départ d'Oran
90	Sidi-Khaled	O.-A.	M. 6 h. 6 h. 50. Dim. Lun. Mar. Mer. et Jeu. M. 8 h. 48
145	Sidi-Keltab	Etat	M. 6 h. et 9 h. 42
84	Sidi-Lhassen	O.-A.	M. 6 h. et 6 h. 50. Dim. Lun. Mar. Mer' et Jeu. M. 8 h. 48.
142	Sidi-Maa	Etat	M. 5 h. 20. S. 5 h. 10
144	Sidi-Moham.-b. Aoud	—	M. 6 h. et 9 h. 42
126	Si-Slissen	O.-A.	M. 6 h. et 6 h. 50. Dim. Lun. Mar. Mer. et Jeu. 8 h. 48 M.
435	Souïga	Etat	M. 5 h. 20
101	Tabia	O.-A.	M. 6 h. et 6 h. 50. Dim. Lun. Mar. Mer. Jeu. M. 8 h. 48.
244	Tafaroua	Etat	M. 5 h. 20
114	Taffaman	O.-A.	M. 6 h. et 6 h. 50 Dim. Lun. Mar. Mer. Jeu. M. 8 h. 48
236	Tagdempt	Etat	M. 6 h. et 9 h. 42
165	Taria	—	M. 5 h. 20. S. 5 h. 10
382	Teniet-er-Relem	—	M. 5 h. 20
246	Tiaret	—	M. 6 h. et 9 h. 42
151	Thiersville	—	M. 5 h. 20. S. 5 h. 10
286	Tin Brahim	—	M. 5 h. 20.
503	Tiout	—	Mar. Jen. et Sam. S. 5 h. 10
481	Terkount	—	M. 5 h. 20
155	Titen Yaya	O.-A.	Dim. Lun. Mar. Mer. et Jeu. M. 8 h. 48
138	Tizi	Etat	M. 5 h. 20. S. 5 h. 10
165	Tlemcen	O.-A.	M. 6 h. et 6 h. 50. Dim. Lun. Mar. Mer. et J. M. 8 h. 48
400	Touïfza	Etat	M. 5 h. 20
168	Uzès-le-Duc	—	M. 6 h. et 9 h. 42
10	Valmy	P-L-M	M. 6 h. et 9 h. 42, S. 1 h. 5 h. 9 et 8 h. 40

HORAIRE DES BATEAUX

ARRIVÉES A ORAN

LUNDI — 10 heures du matin, de Marseille, Compagnie Générale Transatlantique
— de Marseille et Cette (Société Générale des Transports Maritimes.
MARDI — 6 heures du matin, de Mostaganem et d'Arzew, Comp^ie G^le Transatlantique.
MERCREDI — 6 heures du soir, de Marseille, Compagnie de Navigation Mixte.
— 5 heures du matin, de Carthagène, Compagnie Générale Transatlantique.
JEUDI — 9 heures du matin, de Marseille, Société Général des Transports Maritimes.
SAMEDI — 10 heures du matin, de Marseille, Compagnie Générale Transatlantique.
— Minuit, de Port-Vendres et Cette, Compagnie de Navigation Mixte.
— Tous les quinze jours, à 6 heures du matin:
De Beni-Saf, Nemours, Melilla, Tétuan, Gibraltar, Tanger, Compagnie de Navigation Mixte.

Huiles et Savons — Denrées Coloniales

Louis Burriand

ORAN - 8 Rue Philippe 8 - ORAN

FOURNISSEUR DE LA MARINE

TRANSPORTS COTIERS A VAPEUR

Chargements sus toutes les plages du littoral par le vapeur

"LÉON et TONY"

A. MAZZELLA & J. BARONE

6, Quai Sainte Marie, 6

ORAN

J. LÉCHELLE et Cie

ACCONAGE — CHARBONS

AGENCE MARITIME

Services Réguliers

entre

ORAN - CETTE - MARSEILLE - ROUEN - DUNKERQUE

— ORAN —

2, Quai de la Douane, 2

TÉLÉPHONE

FUMEURS !

Demandez partout les excellents produits de la Manufacture de Tabacs

Vve BERTOMEU & Cie d'Alger

Tabac Caporal et Maryland à 0 fr. 10 le paquet de 50 grammes

ARROYO Aîné, Agent général, dépositaire pour toute l'Oranie

ORAN — Rues d'Alsace-Lorraine et Tivoli — ORAN

Horaire des Bateaux

(Suite)

DÉPART D'ORAN

LUNDI — Midi, pour Port-Vendres et Cette, Cie de Navigation Mixte.

— 11 heures du soir, pour Carthagène, Compagnie Générale Transatlantique.

— Tous les 15 jours à 8 heures de soir, pour Malaga, Cie de Navigation Mixte.

MARDI — 5 heures du soir, pour Marseille, Cie Générale Transatlantique.

— 9 heures du matin, pour Marseille et Cette, Société Générale des Transports Maritimes.

— 6 heures du soir, pour Nemours, Castanié, rue Basse d'Orléans.

— pour Arzew et Mostaganem, MM. Michel Scotto et Cie.

MERCREDI — pour Nemours, Transports Maritimes Algériens.

— pour Nemours, à 8 heures du soir, MM. Léchelle et Cie.

JEUDI — à 5 heures du soir, pour Marseille, Cie Générale Transatlantique.

— à 5 heures du soir, pour Marseille et Cette, Cie Générale Transatlantique.

VENDREDI — pour Alicante, MM. Tintoré et Cie.

SAMEDI — à 5 heures du soir, pour Marseille, Société Générale des Transports Maritimes.

— à 8 heures du matin, pour Marseille, Cie de Navigation Mixte.

Horaire des Bateaux
DÉPART D'ORAN
(Suite)

SAMEDI	5 heures du soir, pour Marseille, Cⁱᵉ Générale Transatlantique.
—	9 heures matin, pour Marseills et Cette, Cⁱᵉ Caillol-Duvillard.
—	Minuit, pour Béni-Saf, Nemsurs, Mélilla, Tetuan, Gibraltar et Tanger, Cⁱᵉ de Navigation Mixte.
—	Minuit, pour Mostaganem et Arzew, Cⁱᵉ Générale Transatlantique.

VOITURES DE PLACE

TARIF POUR LA VILLE ET LA BANLIEUE

		simple le jour		la nuit
Courses (intra-muros) :	simple le jour	1,00	la nuit	1,50
—	double 1/4 d'h. d'attente	— 1,50	—	2,00
—	à l'heure	— 2,00	—	3,00
Courses en banlieue :	simple	— 1,50	—	2,00
—	double	— 2,00	—	2,50
Course à l'h. (ext.-muros) n'rayo 8 kil.		— 2,50	—	3,50

TARIF POUR MERS-EL-KÉBIR

Aller et retour 4,00
— et une demi-heure d'attente. . . . 5,00
— chaque quart d'heure en sus. . . . 0,50

NOTA. — La période d'été commencs le 1ᵉʳ Avril et finit le 30 Septembre.

Le jour se compte de 5 heures du matin à 11 heures du soir.

La période d'hiver commence le 1ᵉʳ Octobro et finit le 31 Mars.

Le jonr se compte de 6 heures du matin à 11 heures du soir.

Supplément 0,25 par colis de 15 à 40 kil. ; 0,50 pour cofis de 40 à 75 kilos.

JOURNAUX

Cinq Centimes | Cinquième Année

Abonnements
payables d'avance
ORAN
Un an . . . 20 fr.
Six mois. 10 fr.

L'AVENIR
DE L'ORANIE
Journal Quotidien Indépendant du matin

Toutes les com-
munications doi-
vent être adres-
sées à M. le Di-
recteur de l'A-
venir.

Rue de Marseille - ORAN - Téléphone 3,07

EL CORREO ESPAÑOL
Journal paraissant trois fois par semaine
DIRECTION
22, Boulevard du 2ᵉ Zouaves. — ORAN

Soixante-et-unième année | Le Numéro 5 centimes

L'ECHO D'ORAN
Journal Quotidien du Matin
Paul PERRIER, Directeur

ABONNEMENTS :

ORAN. VILLE : 3 mois, 5 francs -- Un an, 20 francs
DÉPARTEMENTS : 3 -- 6 -- -- Un an, 24 --

L'INTRANSIGEANT ORANAIS
Union Républicaine
Paraissant les Mardi et Vendredi

Les abonnements partent du 1ᵉʳ et du 5 : Un an, 12 f.
Direction et Administration : 17, Rue Lamoricière, ORAN

LA VOZ DE ESPAÑA
Journal épublicain
PARAISSANT TROIS FOIS PAR SEMAINE
Administration. — 6, Rue Thiers, 6. — ORAN

POSTES ET TÉLÉGRAPHES

BUREAU CENTRAL : Place de la Bastille
POSTE AUXILIAIRE : Boulevard Malakoff, 17
BUREAUX AUXILIAIRES
Rue d'Arzew — Boulevard du 2ᵉ Zouaves — Ekmul
Rue de Tlemcen — Saint-Eugène

Horaire des Courriers Postaux
Arrivée à Oran — Bureau Central

DÉSIGNATION DES COURRIERS	Arrivé des Cour"	Heuresorties des t° de Ville
Ligne de Tlemcen et Bel-Abbès, soir.	10'30	7 h. m. Été
Mostaganem . . . . matin	5 —	7 h. 30 m.
Mascara . . . . —	6'45	Hiver
El Ançor. . . . . —	7'45	
Arcole . . . . —	8'30	10 h. 15
Tafaroui. . . . . —	9'30	matin
Ligne d'Arzew . . . . —	9 —	Été
Ligne d'Alger et France. . . . . . —	—	—
Lundi, Mercredi et Vendredi. . . —	8 —	10 h. 30
Ligne d'Aïn-Témouchent . . . —	9 —	matin
Tlemcen . . . . —	9 —	Hiver
Saint-Maur. . . . . —	10'30	
Ligne de Tlemcen, Bel-Abbès, Relizane, Tiaret. . . . . . . —	11'20	
Ligne d'Arzew. . . . . soir	3'00	4 h. 30
Id. de Saïda, Mascara et Bel-Abbès . . . . —	3'30	soir
Mers-el-Kébir. . . . . —	3'45	
Arcole. . . . . —	4'20	

HORAIRE DES COURRIERS POSTAUX
Arrivée à Oran — Bureau Central (Suite)

DÉSIGNATION DES COURRIERS	Arrivée des Cour.	Heures sortie des facteurs de ville
El-Ançor	Soir 6h45	7 h. Mat.
Lignes d'Alger	— 7h20	Été
—d'Aïn Temouchent	— 8h—	7 h. 20 M.
—d'Arzew	— 8h—	Hivea

France : Dimanche,   Compagnie Touache
       Lundi,   Compagnie Générale Transa-
                             tlantique
       Jeudi,   Compagnie des Transports
                             Maritimes.
       Samedi,   Compagnie Générale Transa-
                             tlantique.

Espagne : deux fois par semaine.
Tanger : le samedi tous les quinze jours.

ITINÉRAIRE DES TRAMWAYS

Tramways Électrique d'Oran

De la place d'Armes :
1º A la Douane et au Quai Lamoune, par la rue
     d'Orléans.
2º A la jetée Sainte.Thérèse, par la rue Charles-Quint.
3º A Eckmühl, par Saint-Antoine.
4º Au Cimeti'.. .uropéen, par l'Hôpital civil et le
     village nègre.
6º A la Gare Karguentah, par les boulevards National,
     Sébastopol, Magenta et Marceau.
6º A Saint-Eugène par Saint.Charles.
7º A Gambetta, par Miramar.
     1re Classe 0,15, avec correspondance 0,20.
     2e — 0,10, — 0,15

HORAIRE DES COURRIERS POSTAUX
Départ d'Oran — Bureau Central

DÉSIGNATION DES COURRIERS		Dernière Levée	Départ
Ligne d'Arzew	Été Matin	4 h 40	4 h 55
—	—	6 h 20	6 h 35
Ligne Perregaux-Tlemcen	—	5 h	5 h 20
— d'Aïn-Témouchent	—	5 h 30	5 h 45
Arcole	—	5 h 30	5 h 45
El-Ançor	—	5 h 80	5 h 45
Ligne d'Alger	—	8 h 55	9 h 20
Lignes d'Aïn-Témouchent, Arzew	—	11 h 35	11 h 55
Bel-Abbès	—	11 h 35	11 h 55
Tafaraoui, Saint-Maure	Soir	12 h 50	1 h
Arcole	—	1 h 35	1 h 45
El Ançor	—	2 h 30	2 h 45
Ligne d'Aïn-Témouchent	—	4 h 25	4 h 50
— d'Arzew et Sud	—	4 h 25	4 h 50
— Relizane, Bel-Abbès, Tlemcen, Blidah. Orléansville les Dim. Mar. Jeu. Sam.	—	4 h 25	4 h 50
Mascara	—	7 h —	7 h 15
Mostaganem	—	7 h 45	8 h
Ligne d'Alger, les Lundi, Mer. Ven. (train de nuit)	—	7 h 55	8 h 20

Courrier de Mer

France—Comp Générale Transatlantique, Mar et Jeu.	—	4 h 15	4 h 35
Comp des Transports Maritimes, Same	—	4 h 15	4 h 35
Port Vendres.— Comp Touache, Lun	Matin	11 h 15	11 h 35
Espagne.—Lu di	Soir	9 h 05	9 h 15

THÉATRES ET CONCERTS

Téhâtre-Casino Municipal, rue de Turin.
Kursal-Oranais, Rue de l'Hôtel-de-Ville.
Musique des Zouaves. — Mardi : Cercle militaire, place
d'Armes ; Jeudi : Place de la République ;
Samedi : Promenade Létang.

CONSULS ET AGENTS CONSULAIRES

Angleterre : 4, quai Sainte-Marie.
Autriche-Hongrie : Boulevard de l'Industrie.
Belgique : Rue des Jardins.
Colombie : 21, Rue d'Orléans.
Danemarck : Rue Saint-Félix.
Espagne : 27, Boulevard National.
Etats-Unis du Nord : à Montplaisant.
Grèce : 11, Place de la République.
Italie : 2, Rue de la Bastille.
Hollande : 3, Rue d'Alger.
Pérou : Boulevard de l'Industrie.
Portugal : 4, Quai Sainte-Marie.
République Argentine : 11, Place de la République.
République de l'Equateur : 19, Rue de Ganay.
Russie : 17, Place de la République.
Suède et Norwège : 3, Boulevard Fulton.
Venezuela : 51, Boulevard National.

Maisons et Produits Recommandés

Maisons et Produits Recommandés (suite)

TABLE DES MATIÈRES

Guide Pratique Eugène Bertheau

Sans cesse vérifié, corrigé et augmenté

PARAITRA EN 1906 FIN SEPTEMBRE

LES ANNONCES SONT REÇUES DÈS MAINTENANT

La page 50 francs

La demi-page 30 francs

Le quart de page 15 francs

Tirage annuel : 5.000 exemplaires au minimum

CHAQUE SOUSCRIPTEUR REÇOIT GRATUITEMENT

POUR DISTRIBUER A SA CLIENTÈLE :

POUR UNE PAGE ANNONCE . . . . . 150 EXEMPLAIRES

POUR UNE DEMI-PAGE . . . . . . 75 EXEMPLAIRES

POUR UN QUART DE PAGE . . . . . . 35 EXEMPLAIRES

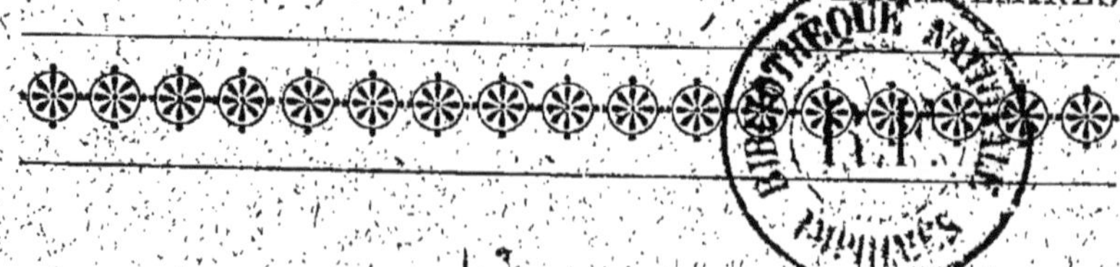

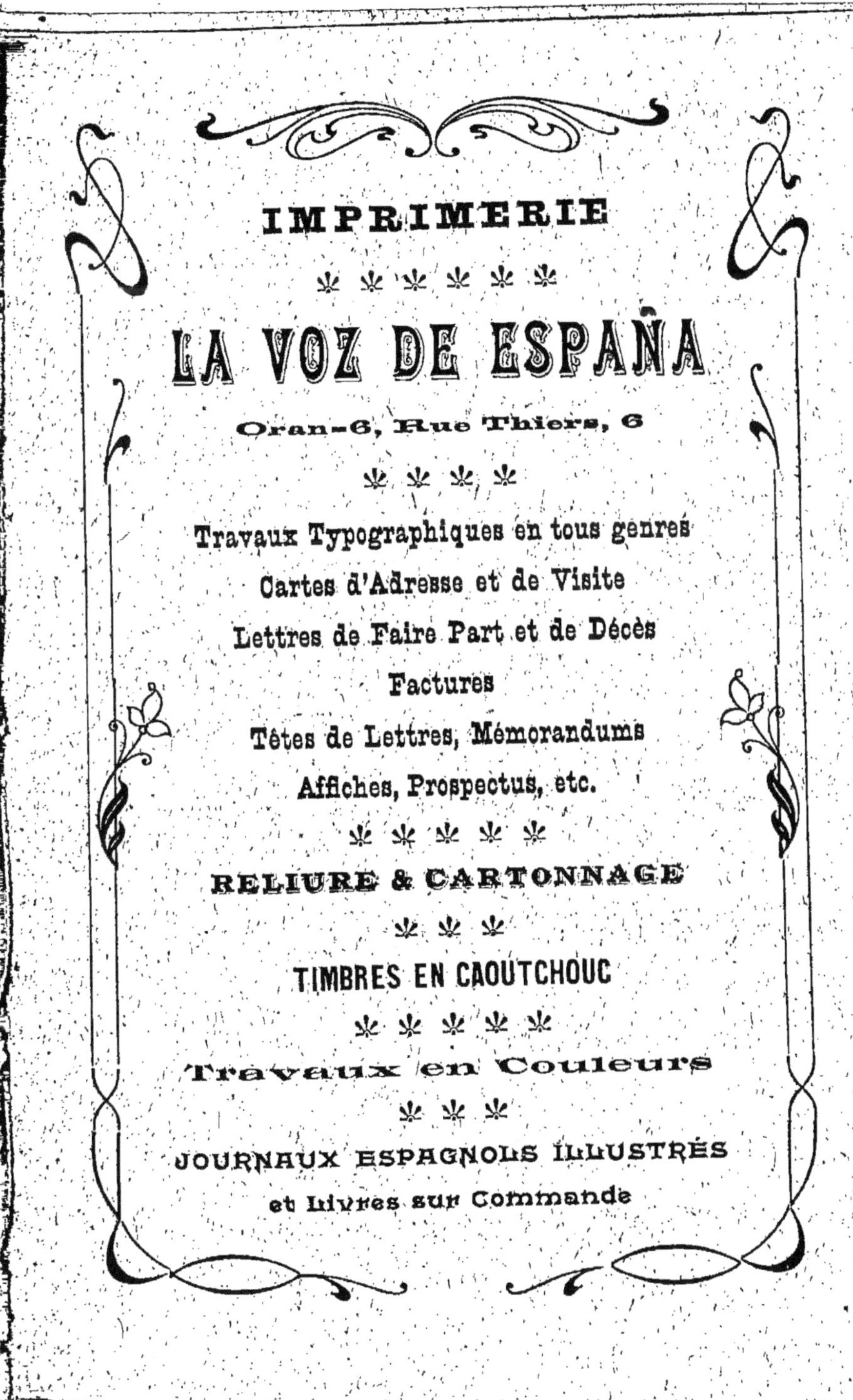

IMPRIMERIE

LA VOZ DE ESPAÑA

Oran—6, Rue Thiers, 6

Travaux Typographiques en tous genres
Cartes d'Adresse et de Visite
Lettres de Faire Part et de Décès
Factures
Têtes de Lettres, Mémorandums
Affiches, Prospectus, etc.

RELIURE & CARTONNAGE

TIMBRES EN CAOUTCHOUC

Travaux en Couleurs

JOURNAUX ESPAGNOLS ILLUSTRÉS
et Livres sur Commande